Ingrid Kellner

Bildergeschichten mit Lotti Luftikus

Illustrationen von Ute Krause

Loewe

Die Deutsche Bibliothek – CIP-Einheitsaufnahme

Bildergeschichten mit Lotti Luftikus / Ingrid Kellner.
Ill. von Ute Krause.
– 1. Aufl. – Bindlach : Loewe, 1999
(Leseluchs)
ISBN 3-7855-3329-2

Dieses Buch ist auf chlorfrei gebleichtem Papier gedruckt.

ISBN 3-7855-3329-2 – 1. Auflage 1999

Umschlagillustration: Ute Krause
Reihengestaltung: Angelika Stubner

Inhalt

Lesen lernen

Kurz vor acht geht Lotti Luftikus aus dem Haus.

Auf dem Schulweg träumt Lotti vor sich hin.

Da sind Tiere in den Wolken:
ein Walfisch und ein Pony.

Die Bäume bewegen sich
wie wilde Tänzer im Regen,
und die Häuser haben Gesichter.

Hoppla! Pass auf, Lotti Luftikus!

„Pass doch auf!“, sagt Lotti.
„Sonst wirst du zertreten!“

Da kommt noch eine Schnecke

und noch eine.

Lotti Luftikus rettet sie alle.

„Du kommst zu spät, Lotti Luftikus“, sagt Frau Halle. „Was war denn diesmal schuld daran?“

„Die da“, sagt Lotti. „Sie sind so lieb!“

Frau Halle findet das auch.

Weil die kleinen Schnecken
großen Hunger haben,
setzt Lotti sie in den Blumentopf.

„Und jetzt schlagt euer Lesebuch auf“,
ruft Frau Halle, „Seite zwölf, oben.“

„He!“, schreit Lotti.
„Da ist ja noch eine Schnecke.
Die will lesen lernen!“

„Wirklich?“, fragt Frau Halle.

„Da bin ich mir ganz sicher“,
sagt Lotti Luftikus.

Vergessen

Am Montag hat Lotti Luftikus
die Turnsachen vergessen,

am Dienstag das Federmäppchen,

am Mittwoch das Liederbuch,

am Donnerstag das Rechenheft.

Am Freitag flüstert Trixi:
„Und was hast du heute vergessen?"

„Das Bastelzeug", sagt Lotti.
„O Gott!"

Frau Halle fährt aus der Haut:
„Ich hab es gestern laut und deutlich gesagt, Lotti.

Bei dir geht alles zum einen Ohr hinein und zum andern wieder heraus.“

„Aha, so ist das!“
Lotti Luftikus ist erleichtert.

„Bei mir ist nämlich kein Platz mehr
zwischen den Ohren,
weil schon so viel drin ist.“

Ja, das stimmt. Lotti Luftikus ist nicht vergesslich. Sie denkt so viel.

Sie denkt dauernd, ob ihr
Meerschweinchen gerne Musik hört,

ob Markus sie liebt und sie zu
seinem Geburtstag einladen wird,

und ob Frau Halle einen Freund hat.

Da kann man schon mal
ein bisschen Schulzeug vergessen.

Liebe

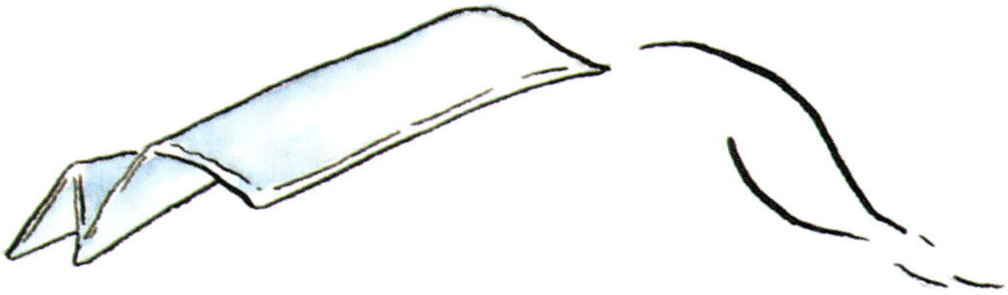

In der letzten Stunde landet
ein Papierflieger auf Lottis Platz.

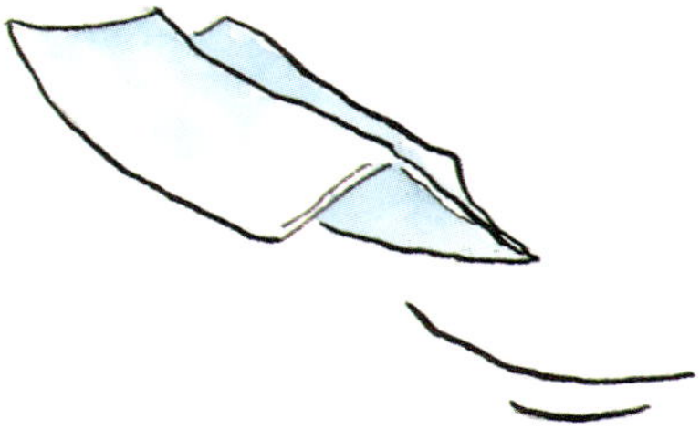

Heimlich faltet sie ihn auf.

Lotti Luftikus kriegt einen roten Kopf.
Sie steht total auf Markus.
Aber bisher hat Lotti Luftikus sich
nicht getraut, Markus anzusprechen.

Sie bastelt auch einen Papierflieger.

Der Flieger landet bei Hannes.
So ein Pech!

Hannes dreht sich um: „Warte nach der Schule auf mich, Lotti Luftikus!“

So schnell ist Lotti nach der Schule
noch nie verschwunden.

Aber Hannes läuft ihr nach:
„Halt, Lotti Luftikus, bleib stehen!"

Lotti rennt wie der Wind.
Da vorne ist Markus.

„Markus, ich muss dir was sagen!“

„Was denn?“ Markus ist beleidigt.

„Ich lieb dich auch“,
sagt Lotti Luftikus atemlos.

„Und ich?“, fragt Hannes.

„Du bist für mich Luft“,
sagt Lotti Luftikus.

Markus lacht und nimmt Lotti
bei der Hand.

Freundinnen

Lotti hippelt und kippelt auf ihrem Stuhl.
Sie kann nicht mehr still sitzen.

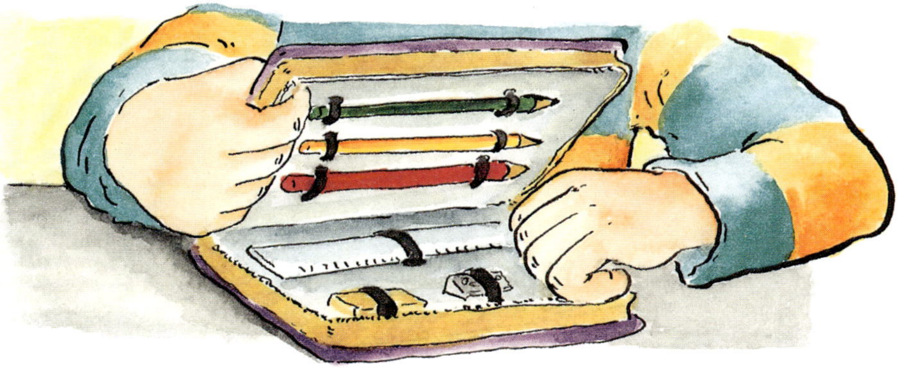

Dann kramt sie etwas
aus dem Federmäppchen.

„Was ist das?“, fragt Trixi.
Trixi ist Lottis Banknachbarin
und beste Freundin.

„Das ist ein Geschenk für Markus“,
sagt Lotti.

„Zeig doch mal!“

„Nein, das ist
ein Geheimnis!“

„Du bist gemein!“, zischt Trixi.

„Ruhe, ihr beiden!“, ruft Frau Halle.
DING DÄNG DONG macht der Gong.
Endlich Pause!

Alle Kinder drängeln, schubsen und schieben. Sie rennen und laufen auf den Hof.

Da ist Markus.

Lotti wirft ihm
ihr Geschenk ins Gesicht.
Es ist eine rosa
Glibbergummi-Maus.

Markus sagt: „Echt gut. Danke, Lotti!“

Lotti schwingt sich auf die Mauer.
„Ich kann fliegen, wetten, dass?!“

Da kommt Trixi angerannt
und schubst Lotti runter.

Lotti Luftikus fällt auf die Knie.
Sie bluten. Hilfe!

Die Pausenaufsicht trägt Lotti
ins Arzt-Zimmer.

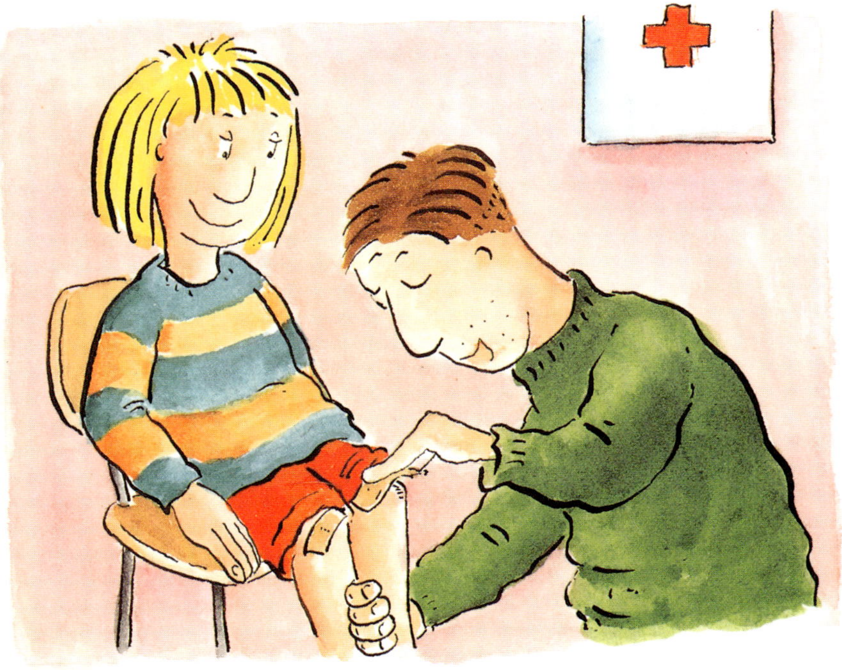

Alles halb so schlimm! Lotti Luftikus kriegt Jod und zwei große Pflaster.

Dann humpelt sie in ihre Klasse.

„Was ist passiert?“,
fragt Frau Halle.

„Ich bin von der Mauer geflogen“,
antwortet Lotti.
„Rein zufällig.“

„So, so!“, sagt Frau Halle.

Frösche

„Heute fangen wir ein neues Thema an“, sagt Frau Halle. „Wer von euch weiß etwas über Frösche?“

„Ja, du, Hannes?“

„Frösche sind grün“, sagt Hannes.

„Und bunt“, ruft Lotti Luftikus
einfach dazwischen.
„Ich hab’s im Fernsehen gesehen.“

„Die Frösche leben am Weiher“,
sagt Markus.

„Und auf Bäumen“, ruft Lotti,
„im Dschungel, echt wahr!“

„Frösche quaken“, sagt Trixi leise.

„Quak, quak, quaaak“, macht Lotti.

„Genug“, sagt Frau Halle.
„Hör auf, Lotti Luftikus!“

Lotti hört auf, aber sie muss Trixi zeigen, wie Dschungelfrösche hüpfen.

„Wisst ihr eigentlich,
wie Frösche auf die Welt kommen?“,
fragt Frau Halle.

„Als Frosch-Leichen“, ruft Hannes.
„Es heißt Laich“, lacht Frau Halle.
„Frosch-Laich.“

„Nein, es heißt Quappen“, sagt Lotti Luftikus.

„Nein, Kaulquacken“, sagt Markus.

„Nein, Kaulwuppen“, sagt Lotti.

„Nein, Qualpuppen“, sagt Hannes.

„Nein, Kaulwucken“, kichert Trixi.

„Bitte, bildet einen ganzen Satz“, sagt Frau Halle erschöpft.

„Die Froschbabys heißen Kaulquappen!“, schreien alle Kinder.
„Quak, quak“, sagt Frau Halle.
„Und jetzt dürft ihr sie malen.“

Lotti Luftikus malt einen bunten Frosch, der auf einer Wolke über dem Dschungel hüpft.

Wind

Lotti Luftikus hat heute
null Bock auf Schule.

Sie hat Lust
zum Drachen-Steigen-Lassen.
Sie möchte draußen
auf der weiten Wiese sein.

Aber sie muss in die Schule!

„Du kommst zu spät“, sagt der Musiklehrer, Herr Notenschlüssel. „Hast du eine Entschuldigung?“

„Natürlich“, sagt Lotti Luftikus.
„Der Wind war gegen mich.“

„Es war Gegenwind“, erklärt Lotti.
„Der Wind hat mich gebremst.“

„Wuii-huii“,
pfeift Herr Notenschlüssel.

„Na so was!“, wundert er sich.
„Weißt du eigentlich, dass der Wind
auch Musik machen kann?“

„Womit denn?“, fragt Lotti Luftikus.
„Damit“, sagt Herr Notenschlüssel.

Dann macht er das Fenster weit auf.
„Oh“, sagt Lotti. „Darf ich auch mal?“

Lotti Luftikus hilft dem Wind
beim Musikmachen.

Da fliegt auf einmal ein Drachen vorbei.
Lotti Luftikus muss lachen,
und plötzlich pupst es.

„Äh, Entschuldigung!“, sagt Lotti.
„Aber da war Luft im Po.“

„So ähnlich wie ein kleiner Wind?“, lächelt Herr Notenschlüssel.

„Der wollte wahrscheinlich auch Musik machen“, lacht Lotti Luftikus.

Fest der Fantasie

„Vor den Ferien“, sagt Frau Halle,
„machen wir ein Schulfest,
ein Fest der Fantasie.“

„Ich hab null Fantasie“, sagt Hannes.
„Mir fällt nix ein.“

„Mir schon“, sagt Lotti Luftikus.

Die Kinder proben und basteln
drei Tage lang.

Am Samstag kommen
alle Mütter und viele Papas.

Herr Notenschlüssel dirigiert den Chor.
Frau Halles Klasse
stellt sich im Kreis auf.

„Schau!“, ruft Mama. „Da ist ja Lotti!“
„Jetzt kommt das Gedicht“, sagt Papa.

Oh Schreck, Lotti Luftikus
hat das Gedicht vergessen.

Da springt sie einfach in die Luft
und tanzt wie ein Vogel.

Alle Leute klatschen.
„Wunderbar!“, sagen Papa und Mama.

Danach gibt es Kaffee und Kuchen.

„Bei uns war Schule nicht so lustig“, sagt Papa mit vollem Mund.

„Bei uns“, sagt Lotti Luftikus, „ist sie meistens ganz gut.“

Ingrid Kellner studierte an der Graphischen Akademie München und arbeitete in der Werbung. Nach mehreren New-York-Aufenthalten machte sie sich selbstständig und illustriert seit 1972 Bilder-, Kinder-, Sach- und Schulbücher. Seit einigen Jahren ist sie auch als Autorin tätig.

Ute Krause, geboren 1960 in Berlin, verbrachte ihre Kindheit in Nigeria, Indien, Zypern und Amerika. Dann studierte sie an der Berliner Kunsthochschule Visuelle Kommunikation. Sie hat schon viele Kinderbücher illustriert und widmet sich neben der Malerei auch dem Film.